LA FORTIFICATION

A FOSSÉS SECS

PAR

A. BRIALMONT
COLONEL D'ÉTAT-MAJOR.

Atlas.

BRUXELLES,

IMPRIMERIE MILITAIRE
E. GUYOT
rue de Pachéco, 12.

C. MUQUARDT
HENRY MERZBACH, successeur
libraire de la Cour et de S. A. R. le Comte de Flandre.
Même maison à Leipzig.

1872

V

LA
FORTIFICATION
A FOSSÉS SECS

PAR

A. BRIALMONT
COLONEL D'ÉTAT-MAJOR.

Atlas.

BRUXELLES,

IMPRIMERIE MILITAIRE **E. GUYOT** rue de Pachéco, 12.

C. MUQUARDT HENRY MERZBACH, successeur libraire de la Cour et de S. A. R. le Comte de Flandre. Même maison à Leipzig.

1872

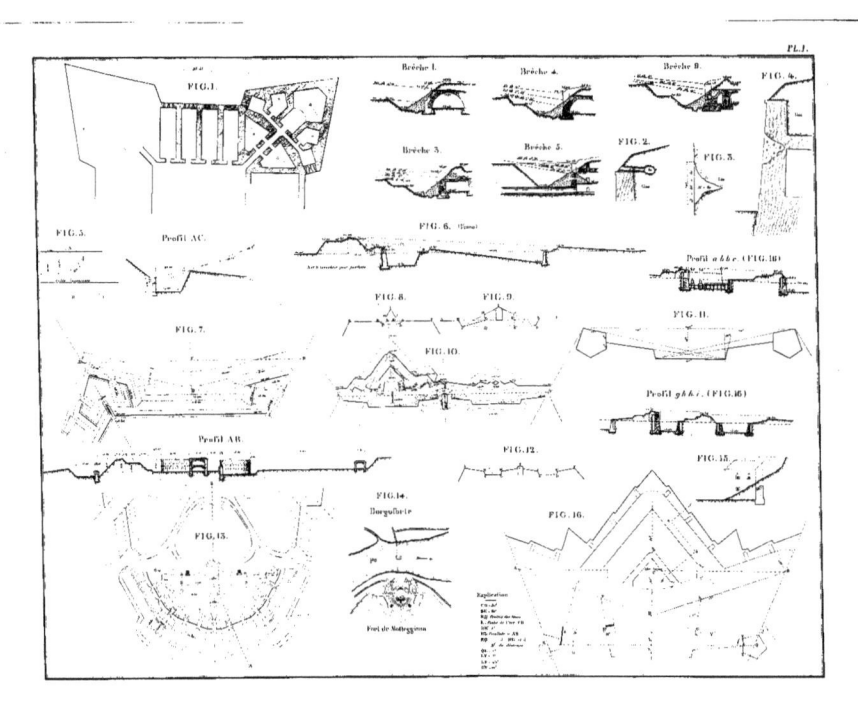

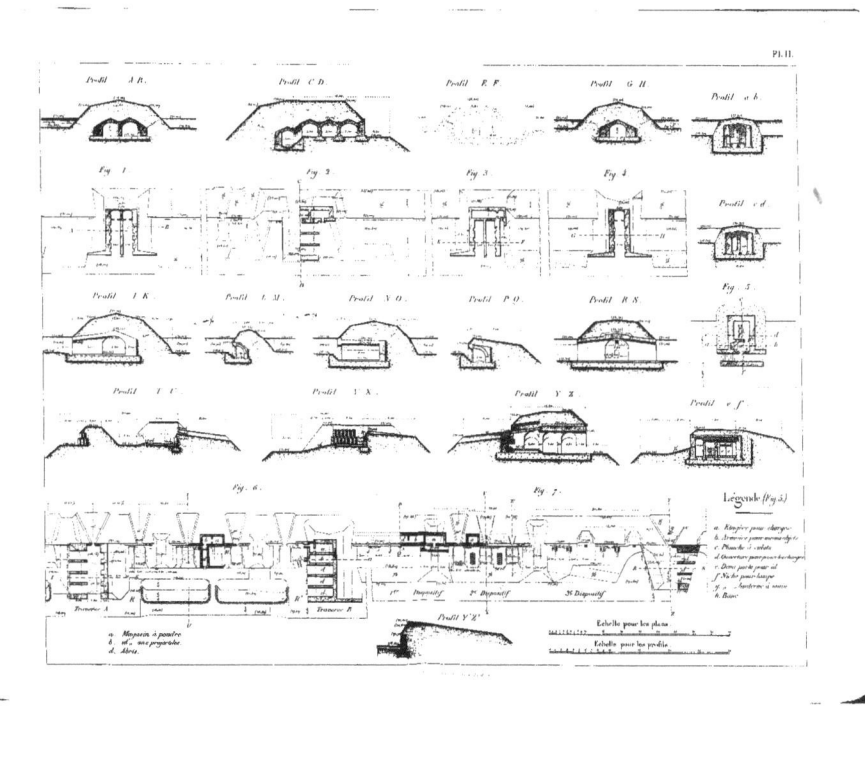

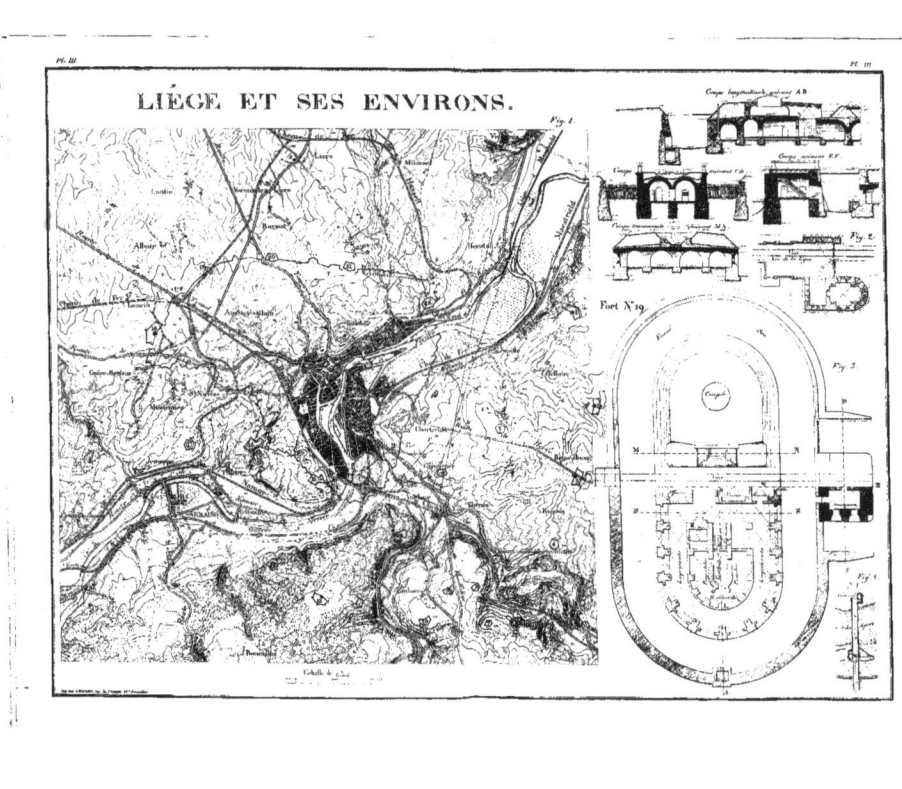

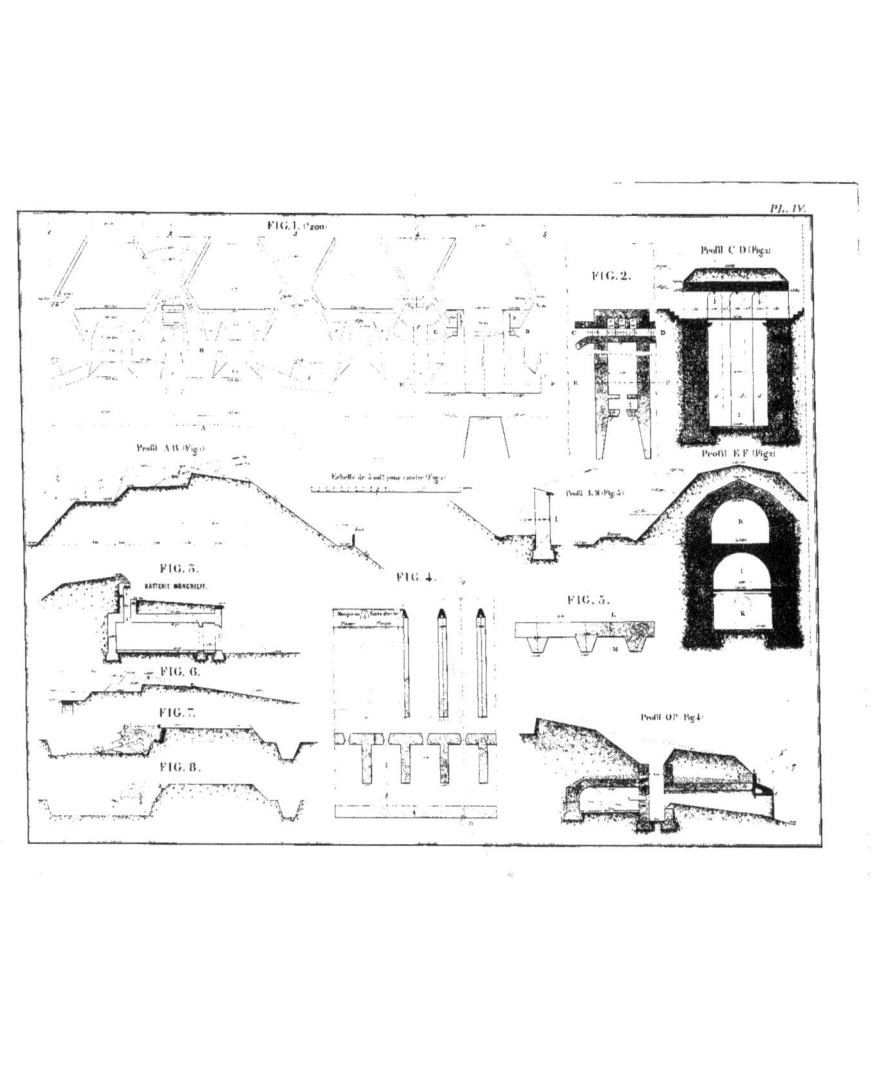

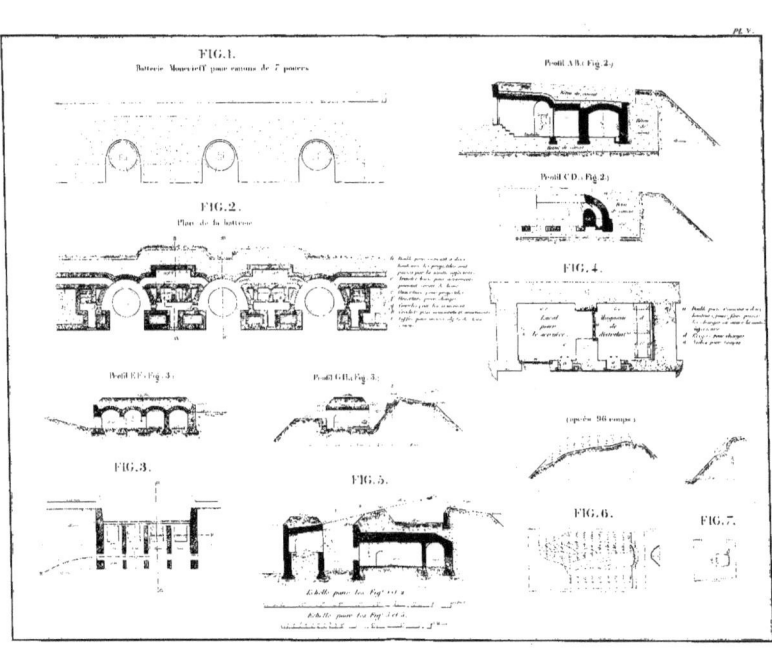

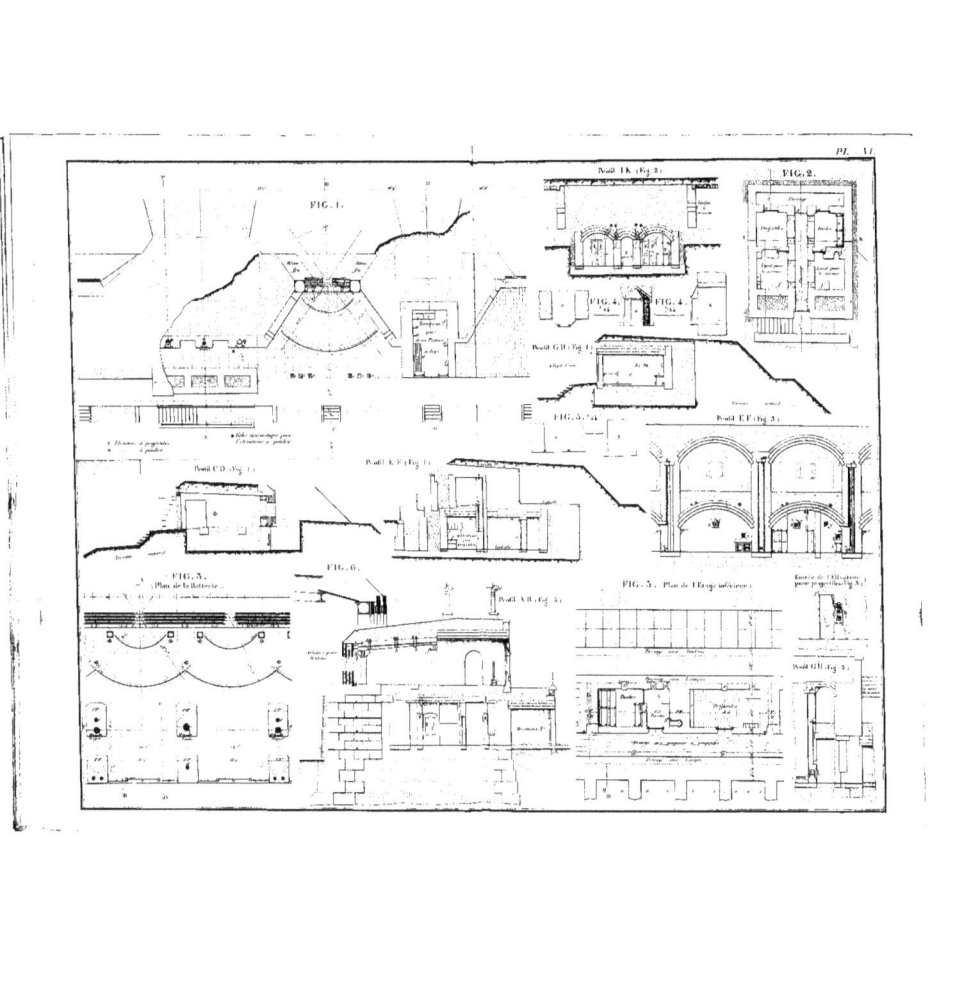

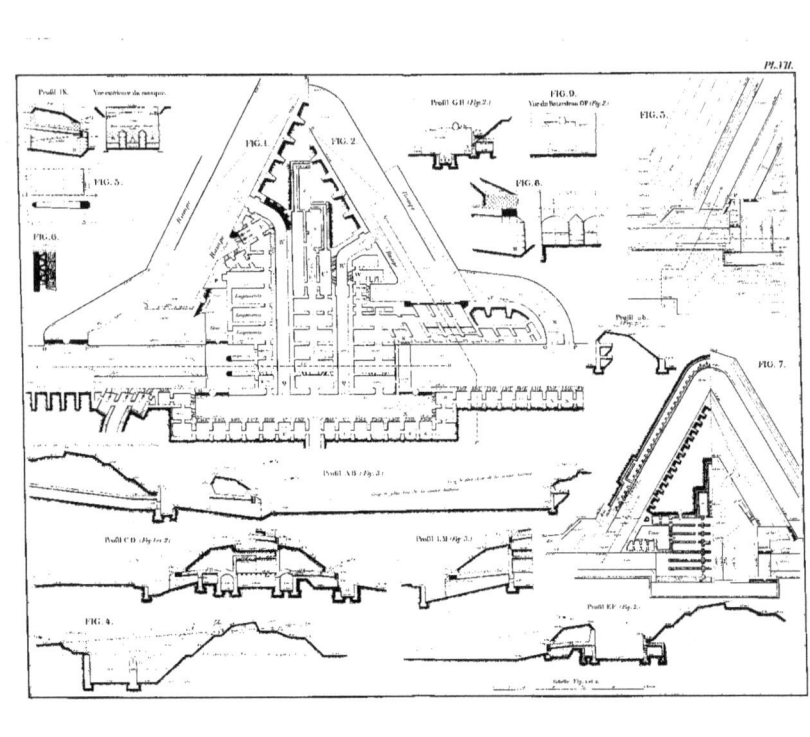

PL. VIII.

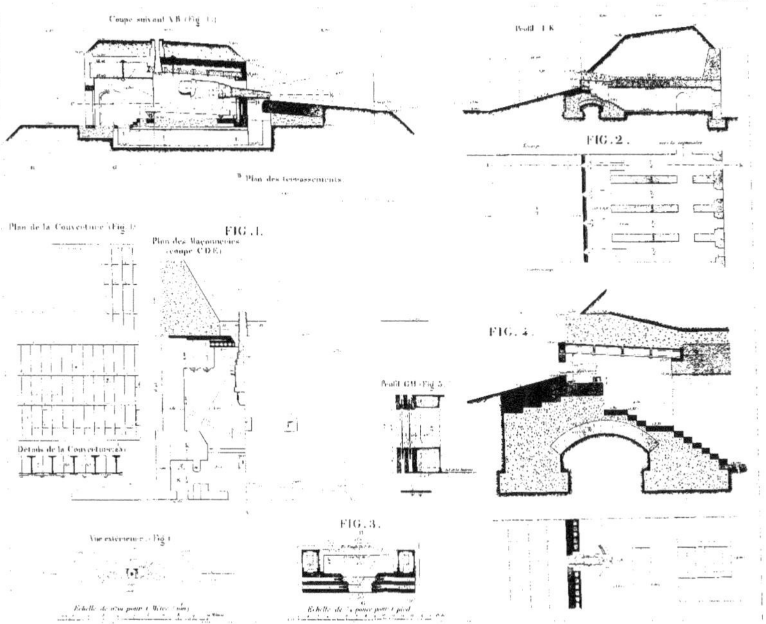

FIG. 1.

FIG. 2.

FIG. 3.

FIG. 4.

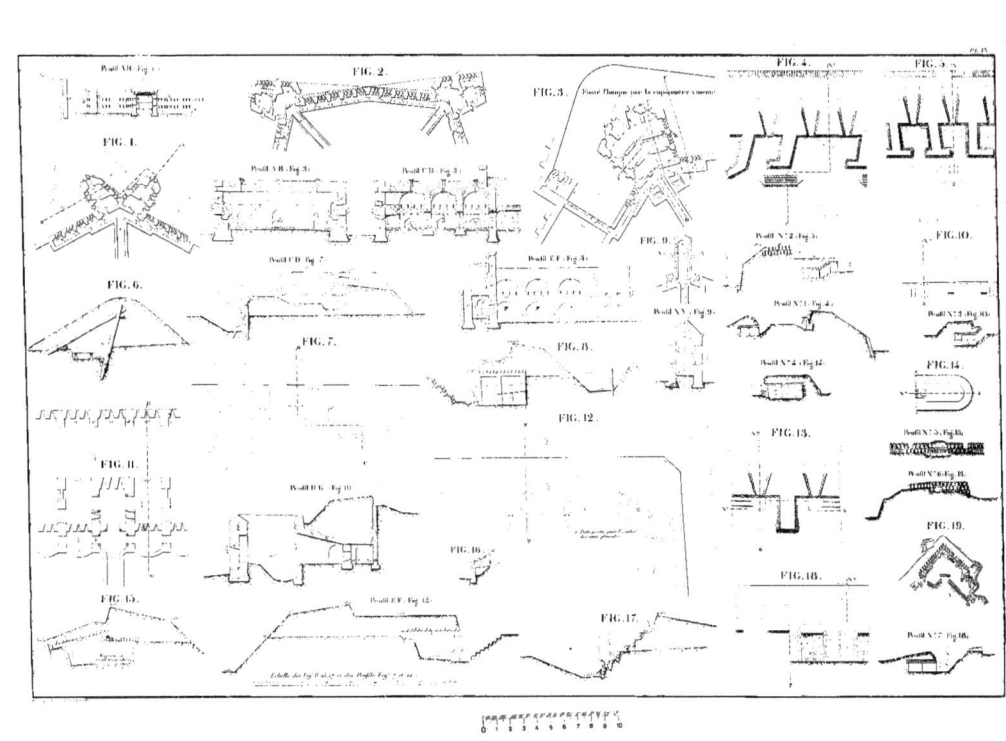

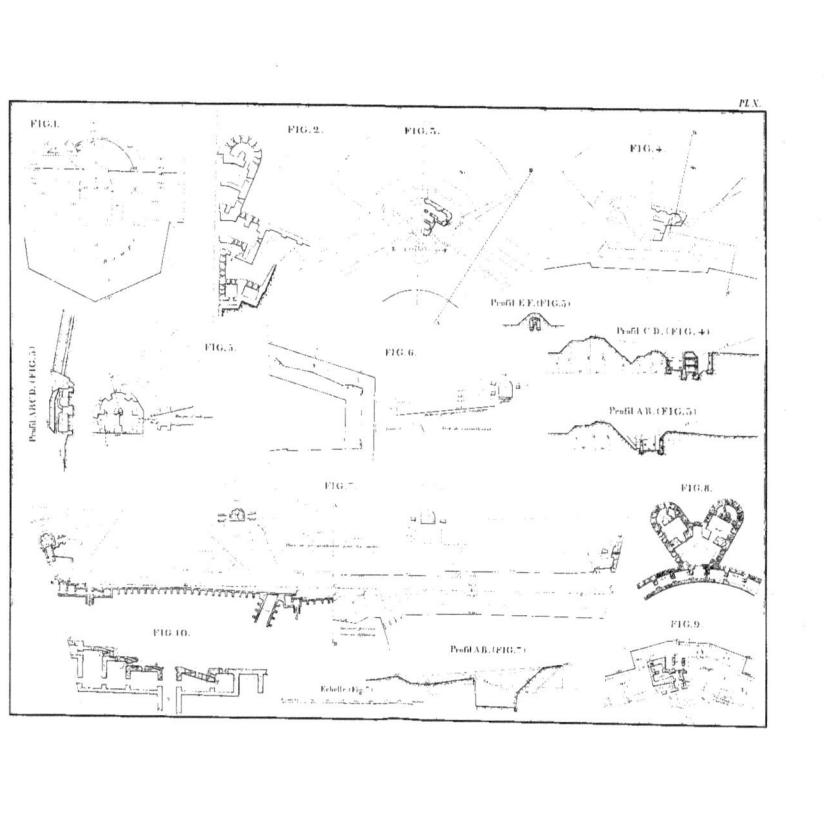

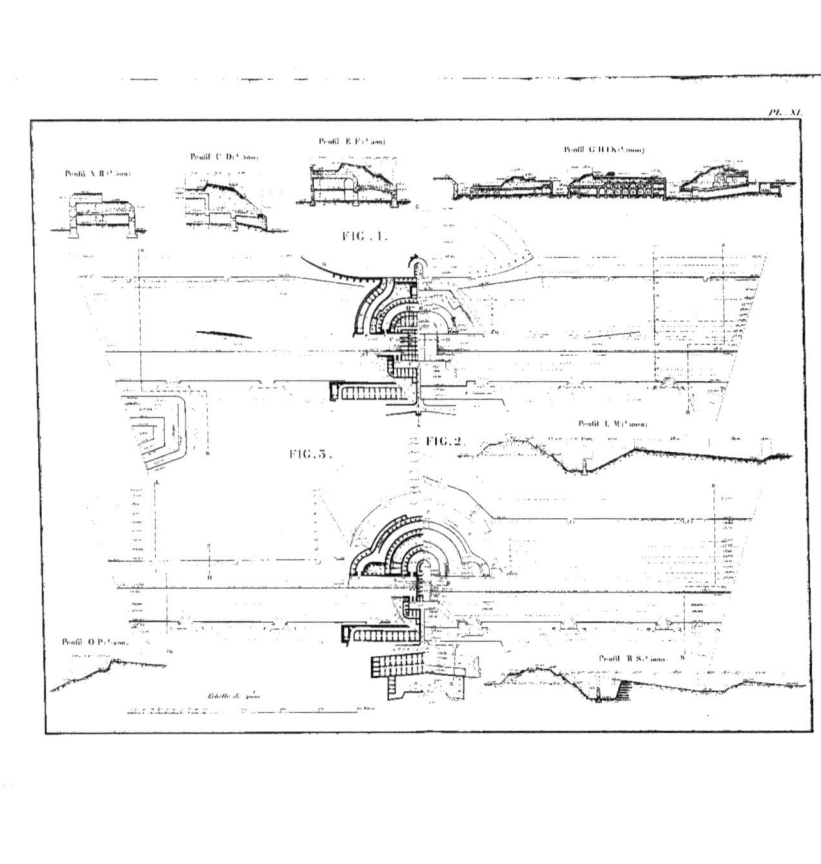

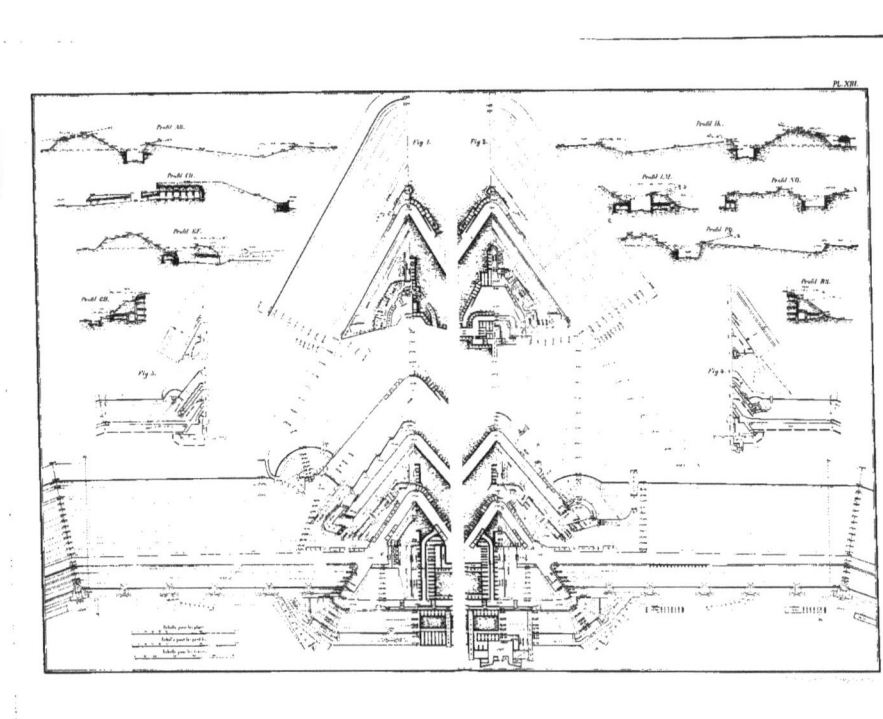

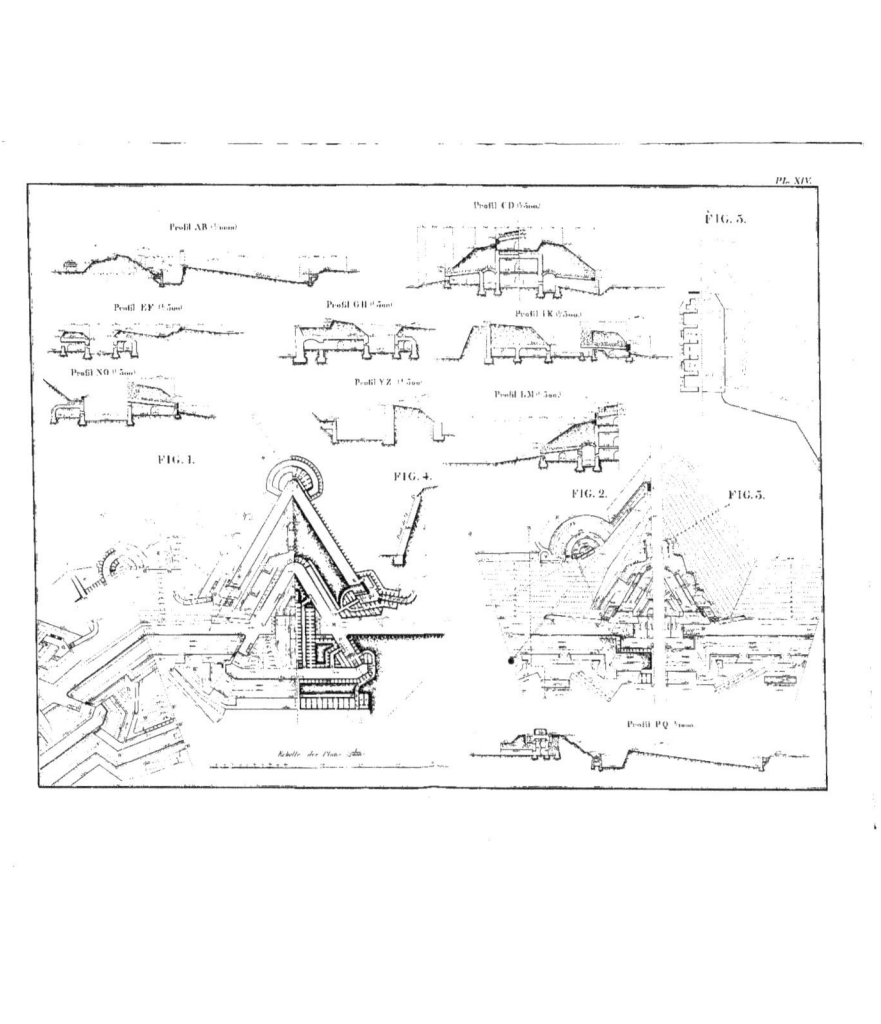

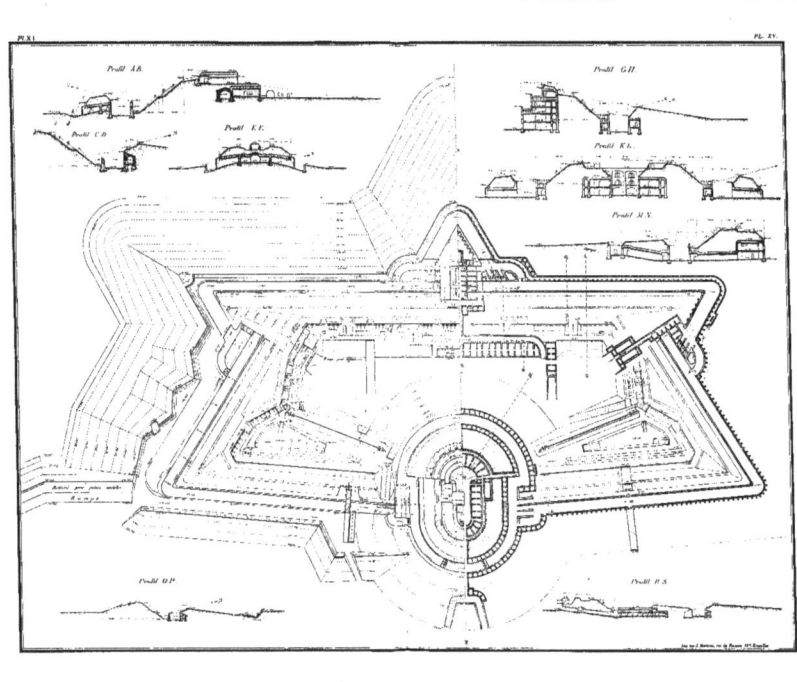

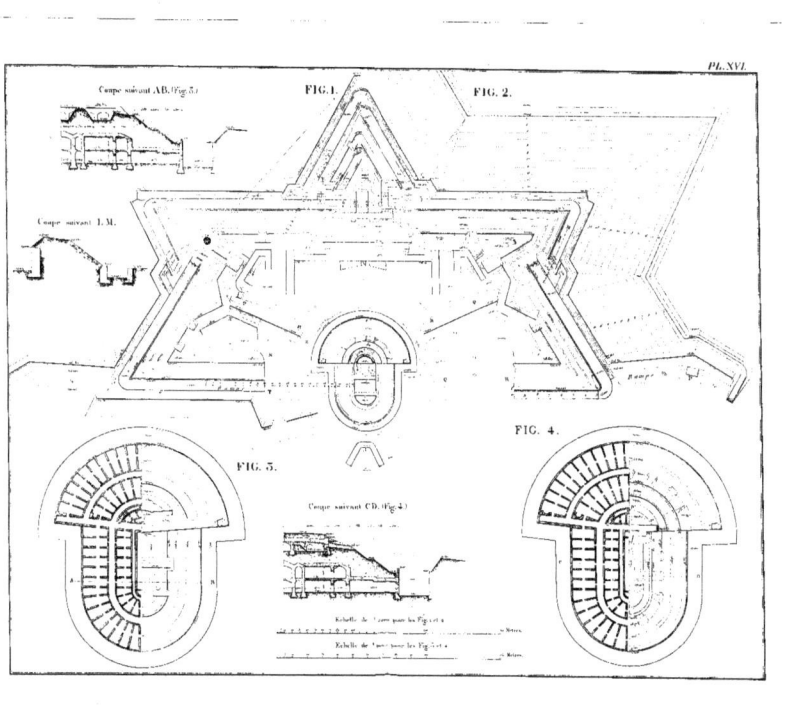

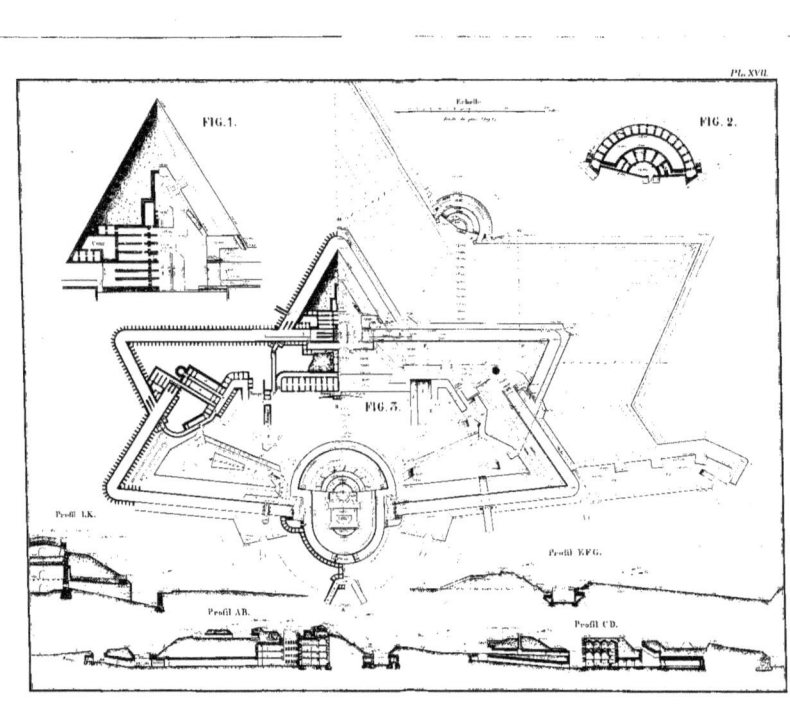

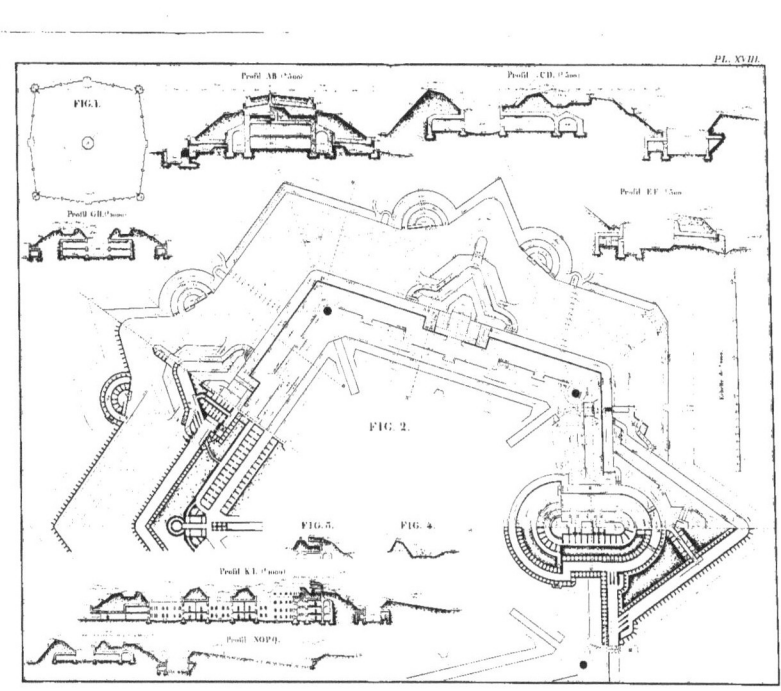

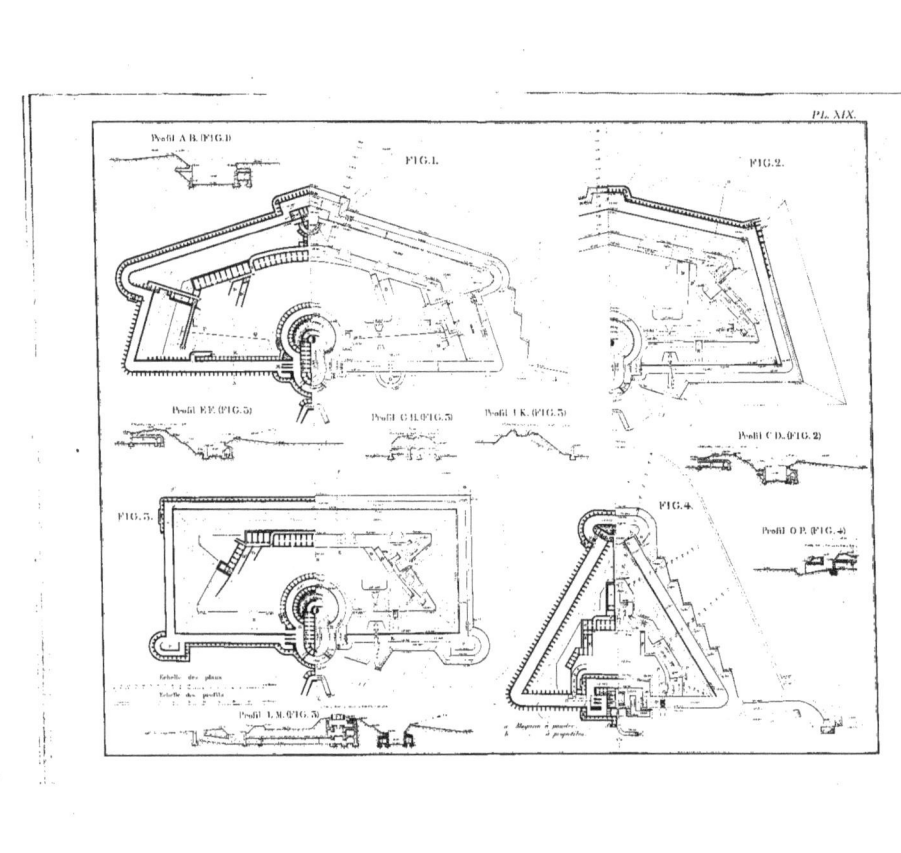

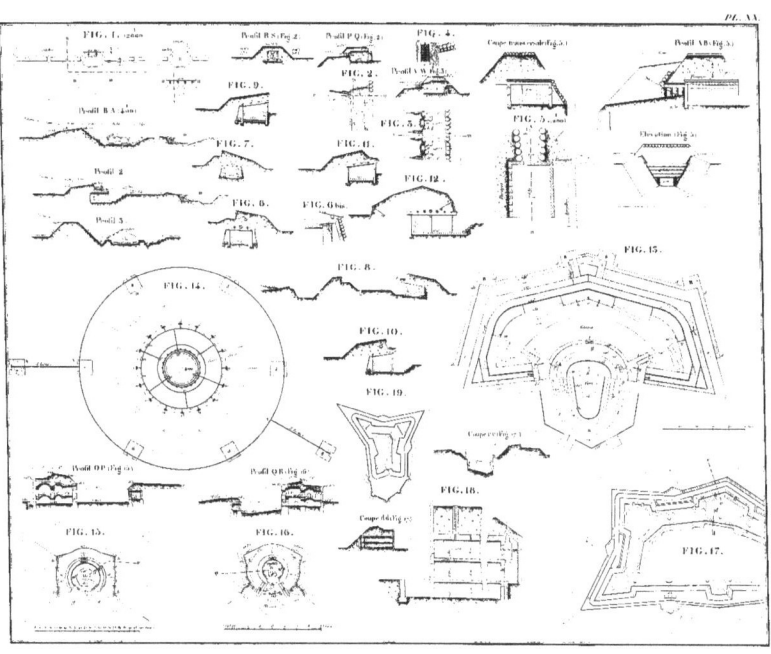

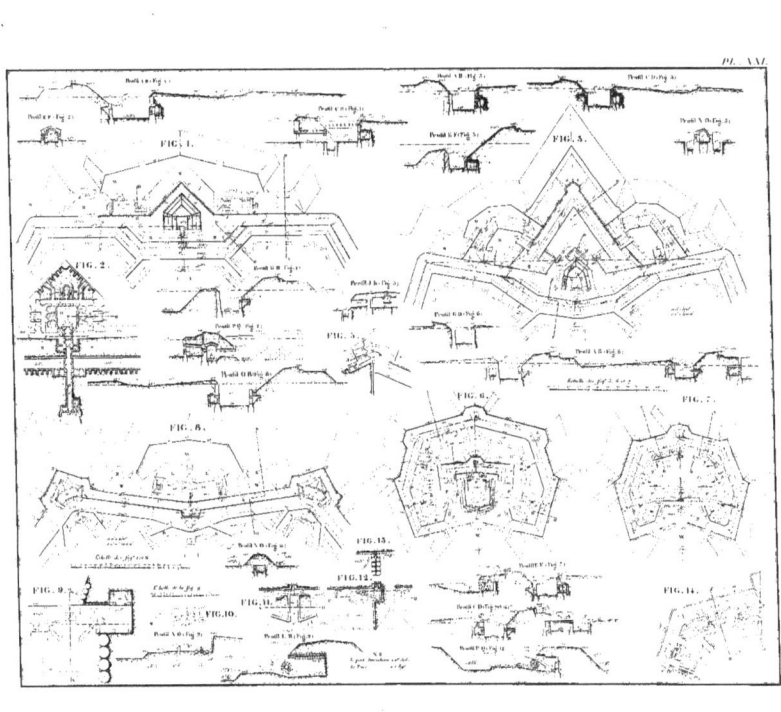

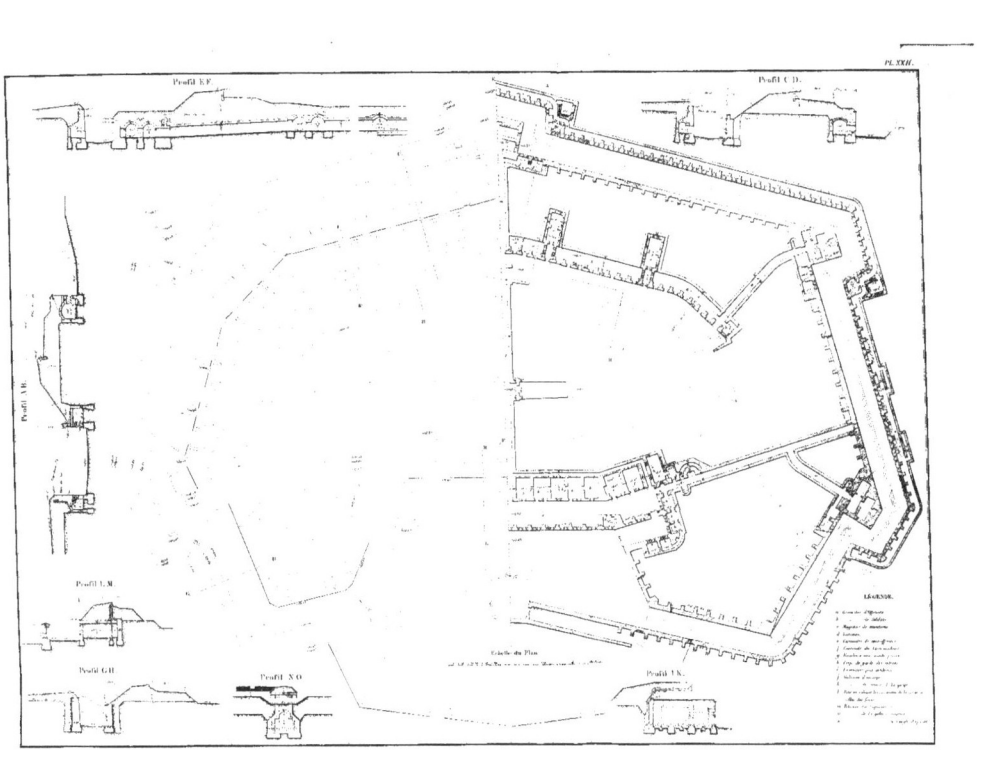

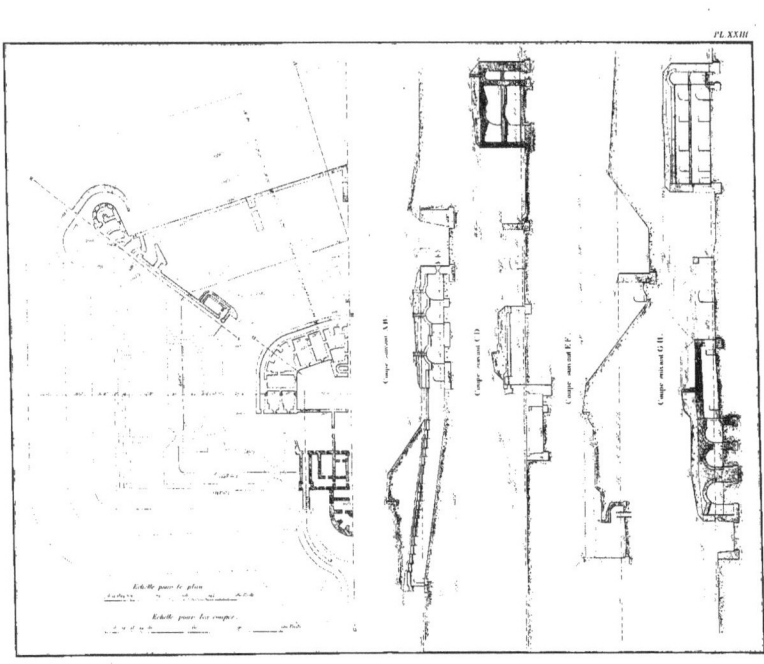

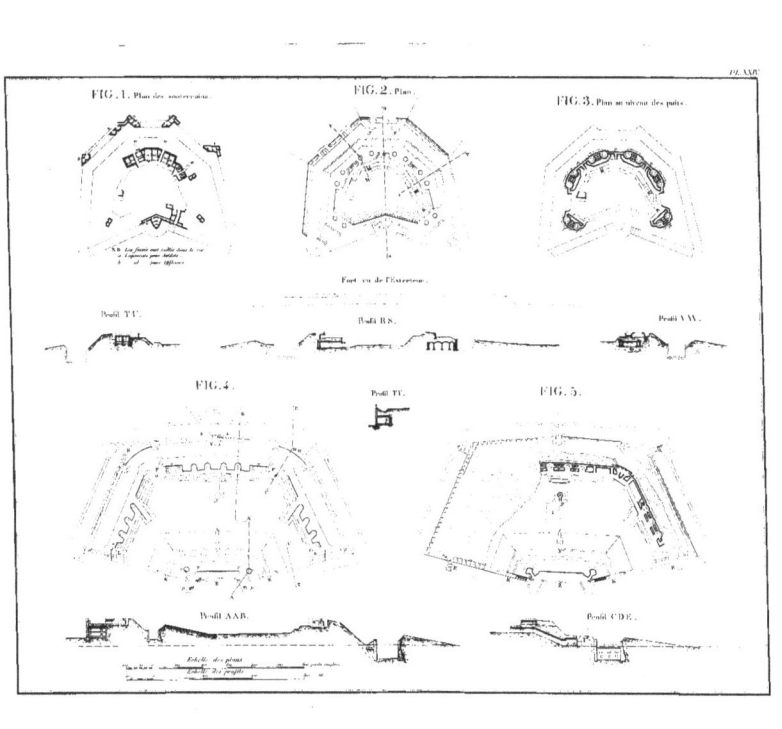

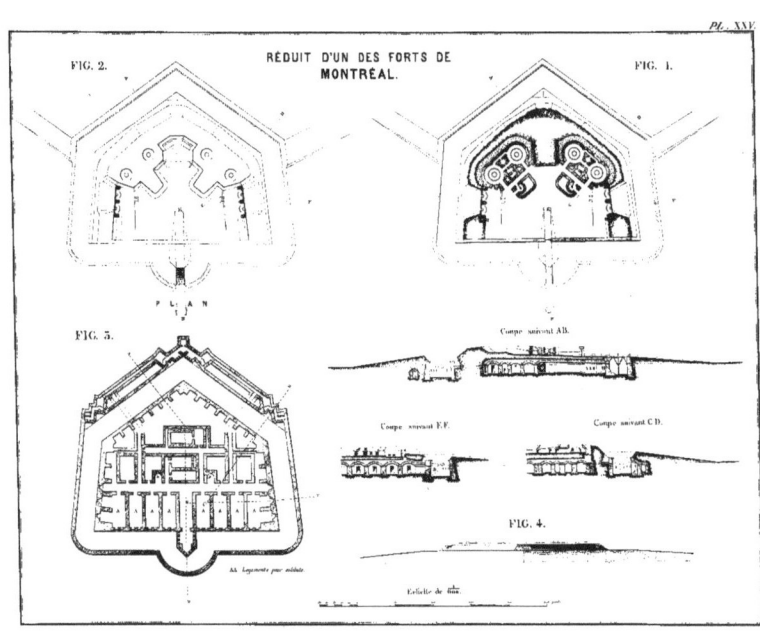

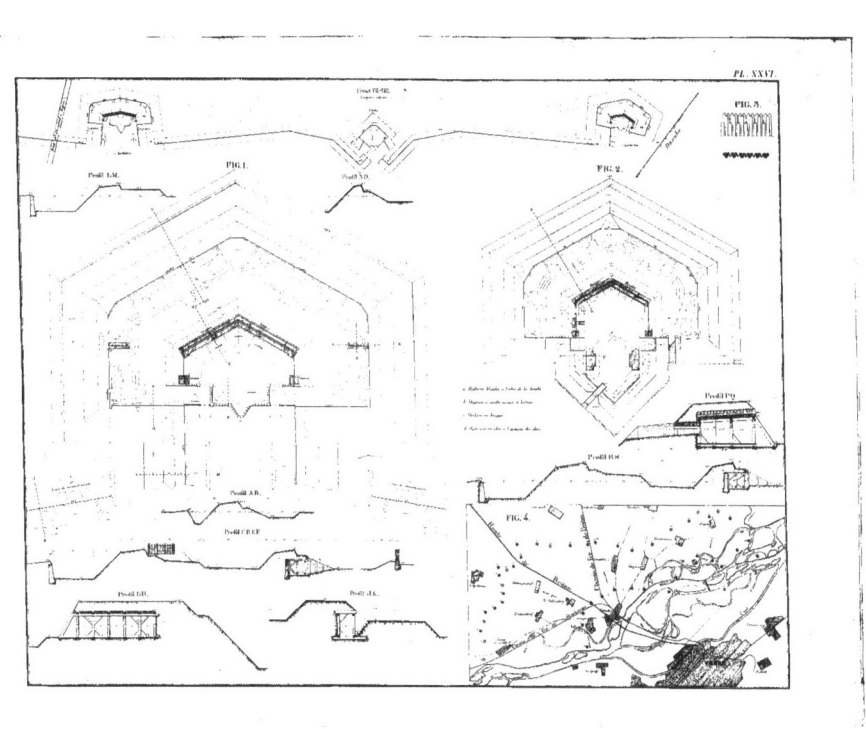

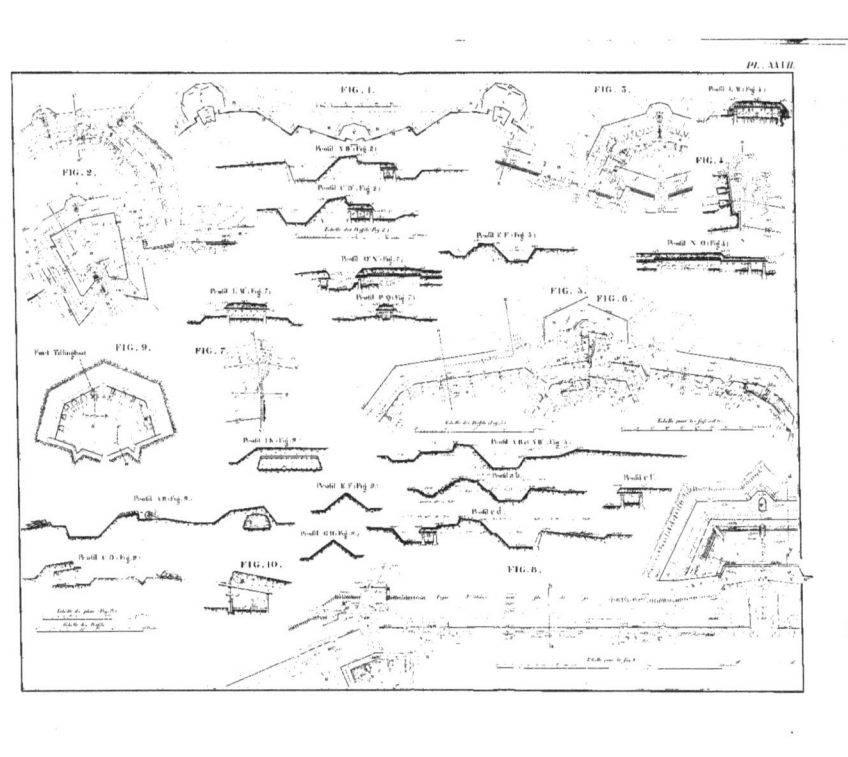

PL.XXVIII.

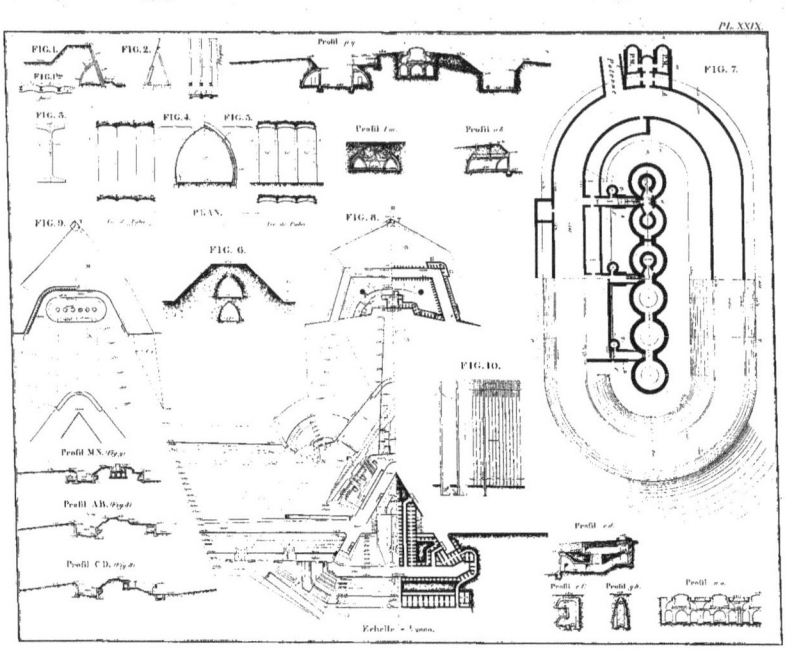

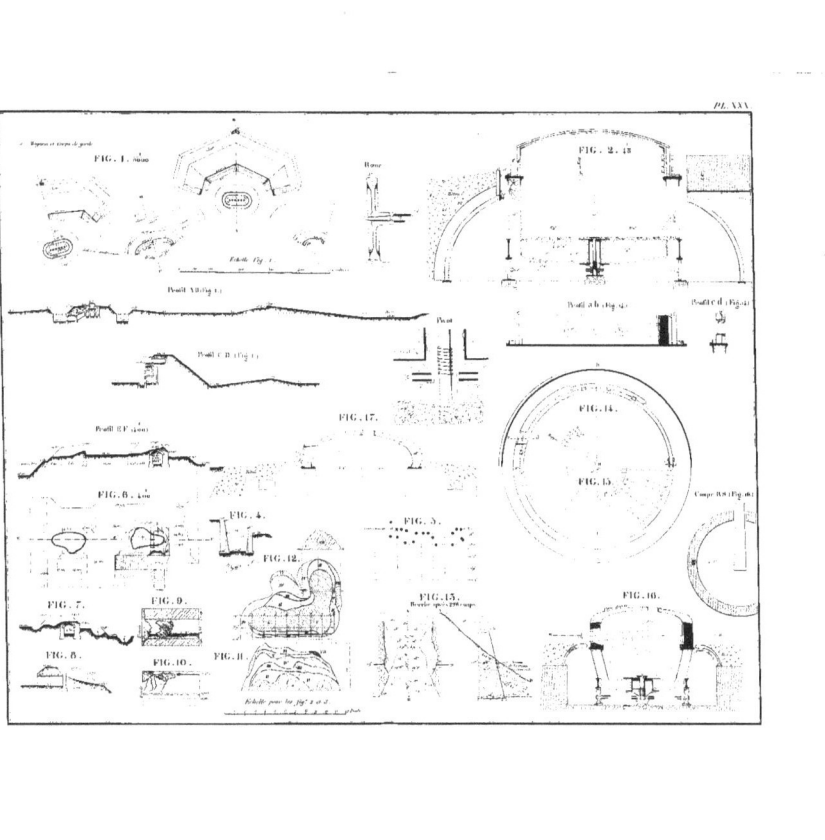

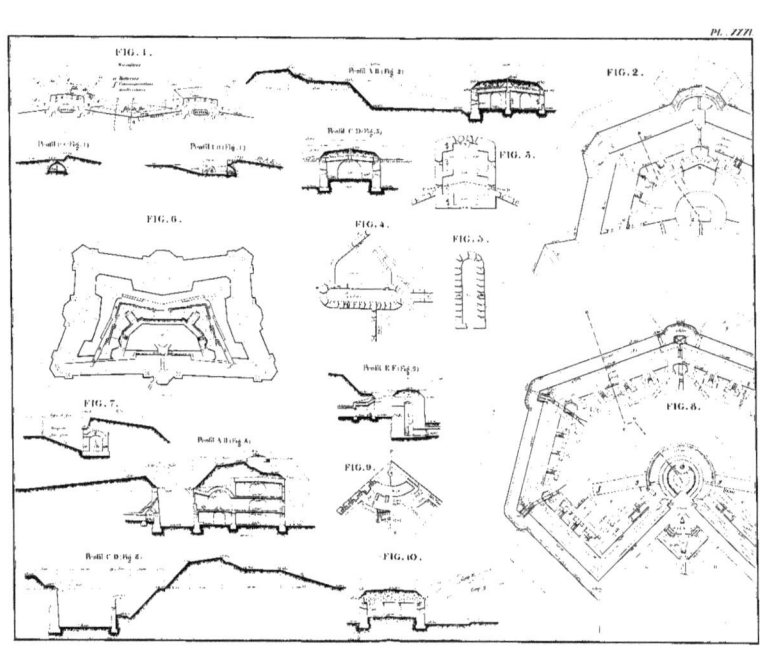

www.ingramcontent.com/pod-product-compliance
Lightning Source LLC
Chambersburg PA
CBHW060908050426
42453CB00010B/1604